¿Por qué

Chat GPT
va a cambiar
el mundo?

...y cómo aprovecharlo.

Por Gonzalo de la Campa Marinas

ISBN: 9798373930932

Dedicado a todos nuestros hijos y nietos.

Ojalá sepamos dejarles un mundo mejor

de lo que nos encontramos

y que ellos también puedan hacerlo.

¿Por qué Chat GPT cambiará el mundo? ...y cómo aprovecharlo.

—

INDICE

¿Por qué Chat GPT cambiará el mundo? ...y cómo aprovecharlo.

—

1. Regalos y recursos que hay dentro de este libro

Me ha pasado un montón de veces que he empezado a leer un libro de temas de emprendimiento o similar y el libro aportaba cantidad de información que me iba maravillando e ilusionando. Luego quería ir ampliando información de todo lo que leía y me iba a Internet y me ponía a buscar de esto o de aquello. A veces acababa encontrando información y otras no encontraba gran cosa.

Bueno, pues para que a ti no te pase eso, si cuando te pones a leer ves que te entran ganas de investigar de temas de los que hablo, te dejo aquí un enlace que será tu puerta de entrada a este maravilloso mundo de Chat GPT.

Puedes leer tranquilo sabiendo que cuando quieras, solo tienes que ir a este enlace y lo que hoy es un libro, mañana (y cuando digo mañana es mañana por la mañana) puede ser un nuevo mundo apasionante donde seguirás aprendiendo cosas prácticas y útiles que de verdad te ayuden:

Más info: www.escuelaemprende.com/chatgpt

Ah por cierto... mientras escribía he estado tentado, en cada frase, en escribir vosotras, vosotros, mujeres y hombres, etc. No lo he hecho porque sería agotador estar leyendo eso en cada frase que escribo. Simplemente entiende que todo lo que leas dónde ponga por ejemplo "vosotros" lo digo en el término más inclusivo de la palabra, para cualquier persona allende su género, sexo, religión, raza o color de ojos. La ilusión de aquellos que queremos vivir en sábado es lo que nos une. Aquí cabemos todos y cabemos juntos y también revueltos.

¡Ale!... aclarado todo, vamos a disfrutar un rato juntos...

2. Sobre este libro

Quizá este libro sea el primer libro sobre Chat GPT de la Historia, escrito en castellano, donde se pone a prueba a Chat GPT y se analiza con detalle, cuáles serán las aplicaciones y usos que tendrá en un futuro inmediato.

La primera vez que escuché la palabra ChatGPT me la dijo Julio Moraleda un 24 de diciembre de 2022. El 16 de enero empezaba y acababa este libro. Así de rápido van las cosas hoy en día. ¡Gracias Julio por aquella conversación! Aunque no creo que Chat GPT llegue nunca a hacer poemas "con alma" como hablamos. Quien quiera poemas con alma, lo mejor que puede hacer es no usar Chat GPT y visitar mi web www.enpoesiecomite.com jajaja. Chat GPT podrá llegar muy lejos, pero el último lugar que habitará será la poesía 😊

Por tanto, debido a ser este libro una primicia y un tema súper novedoso, no solo servirá como una mirilla para poder ver el futuro, sino que en poco tiempo, este libro será también un fósil que servirá para recordar el estado inicial de Chat GPT, casi a principios de su desarrollo y a los pocos días de ser abierto al mundo para que pueda usarse de forma gratuita.

De hecho, Chat GPT está en una fase tan primeriza, que hoy en día, incluso muchas personas no pueden acceder a ella, debido a que constantemente "se queda colgado" y pone que escribas tu email para que te avisen cuándo puedas acceder.

Facebook tardó un año en conseguir su primer millón de usuarios y Chat GPT lo ha conseguido en solo 5 días.

Eso nos hace ver, no solo la dimensión que está adquiriendo Chat GPT en muy poco tiempo, sino todas las implicaciones que va a tener y todo ello a una velocidad de vértigo.

Por eso digo que, este libro, pasará de ser, en muy poco tiempo, de un telescopio para mirar al futuro a un manuscrito que parecerá una cariñosa reliquia de cómo nació Chat GPT, ya que los cambios y la evolución de Chat GPT va a ser tan vertiginosa, que todo lo que aquí leas, en breve será historia.

3. ¿Qué es Chat GPT y por qué puede cambiar el mundo?

3.1   Resumen fácil para empezar...

Empiezo a escribir este libro (con el objetivo de escribirlo en pocas horas gracias a la Inteligencia Artificial y Chat GPT.

Pero veamos por qué ya es posible escribir un libro en muy poco tiempo y no solo poder ganar dinero con él sino poder aportar al lector un valor inimaginable, infinitamente superior que en cualquier otra época de la historia de la humanidad.

Así que empecemos, conociendo de forma sencilla, qué es Chat GPT y por qué va a cambiar el mundo.

ChatGPT es un modelo de lenguaje de gran escala desarrollado por OpenAI que puede generar texto humano similar a través de la retroalimentación de datos. Esto significa que cuanto más se alimenta al modelo con información, mejor se vuelve en la generación de texto coherente y natural.

Una de las principales ventajas de ChatGPT es su capacidad para generar contenido de forma automatizada, lo que significa que puede ayudar a ahorrar tiempo y esfuerzo en tareas que normalmente requerirían intervención humana. Por ejemplo, se puede utilizar para generar respuestas automatizadas a preguntas comunes, crear descripciones de productos, escribir contenido para redes sociales y blog, redactar correos electrónicos, entre otros.

ChatGPT también puede ser utilizado para mejorar la eficiencia en el servicio a las personas, los clientes, los pacientes, etc. al proporcionar respuestas automatizadas a preguntas comunes, lo que puede ayudar a reducir el tiempo de espera y mejorar la satisfacción del cliente.

Además, ChatGPT puede ser utilizado en la investigación y el análisis de datos, ya que puede generar resúmenes y conclusiones a partir de grandes cantidades de datos. También puede ayudar en la traducción automática, lo que puede facilitar la comunicación entre personas que hablan diferentes idiomas.

En el ámbito educativo, ChatGPT puede ser utilizado para generar preguntas de prueba, para ayudar en la escritura de ensayos y para generar materiales de estudio personalizados.

En resumen, ChatGPT es una herramienta muy versátil y poderosa que puede ayudar a ahorrar tiempo y esfuerzo en una variedad de tareas, así como mejorar la eficiencia y la satisfacción del cliente en diferentes campos. Su capacidad para generar texto natural y coherente lo convierte en una herramienta valiosa para la automatización de tareas, la investigación y el análisis de datos, la comunicación, la educación y mucho más.

3.2   Cómo, quién y cuándo se creó Chat GPT

ChatGPT fue desarrollado y lanzado por OpenAI en 2018. Fue presentado en un artículo científico publicado en arXiv en junio de ese año, y su código fuente y modelos pre-entrenados fueron publicados en GitHub. Es una continuación del modelo GPT (Generative Pre-trained Transformer) que se lanzo un año antes.

A partir de ese momento, ha habido varias actualizaciones y mejoras al modelo, incluyendo la liberación de versiones más grandes y más precisas del modelo.

OpenAI, es una compañía de investigación en inteligencia artificial con sede en San Francisco, California. OpenAI es una organización privada sin fines de lucro que busca desarrollar y promover tecnologías de inteligencia artificial de forma responsable, con el objetivo de mejorar la vida de las personas y ayudar a construir un futuro sostenible.

O eso al menos responde Chat GPT cuándo le preguntas quién lo creó jeje. Lo de sin fines de lucro quizá tengamos que leerlo como si estuviese entrecomillado porque las implicaciones a nivel mundial van a ser tan gigantescas que va a aparecer el dinero de debajo de las piedras.

OpenAI fue fundada en 2015 por Elon Musk, Sam Altman, Greg Brockman y Ilya Sutskever, con el objetivo de desarrollar y promover la inteligencia artificial de forma responsable, con el fin de mejorar la vida de las personas y ayudar a construir un futuro sostenible.

El equipo de investigadores de OpenAI es liderado por Ilya Sutskever, co-fundador y director de investigación, quien es conocido por su trabajo en aprendizaje automático y procesamiento del lenguaje natural.

Otro miembro importante del equipo es Dario Amodei, quien es el director de investigación en privacidad, seguridad y política, y es responsable del desarrollo de ChatGPT.

OpenAI ha desarrollado una variedad de modelos de IA, pero ChatGPT es uno de los más populares y utilizados. ChatGPT es un modelo de procesamiento de lenguaje natural (NLP, por sus siglas en inglés) basado en una técnica de aprendizaje automático conocida como Transformer. El modelo fue entrenado en un gran corpus de texto en línea, lo que le permite generar texto coherente y natural en una variedad de idiomas y contextos.

ChatGPT se ha utilizado para una variedad de aplicaciones, como la generación de contenido, la creación de chatbots, la traducción automática y la generación de respuestas automatizadas. En términos de salud, ChatGPT se ha utilizado para generar recomendaciones personalizadas de ejercicios y dietas, crear un chatbot de terapia de conversación, generar recordatorios personalizados para medicamentos y citas médicas, crear un chatbot educativo sobre prevención de enfermedades y promoción de estilos de vida saludables, generar notificaciones y alertas sobre el pronóstico del tiempo para personas con discapacidades o enfermedades crónicas, crear un chatbot de asesoramiento sobre medicamentos y tratamientos médicos, y generar contenido educativo sobre salud y bienestar para diferentes grupos demográficos.

OpenAI ha sido muy transparente sobre cómo se desarrolló y cómo funciona ChatGPT. El código fuente del modelo está disponible públicamente en GitHub, lo que permite a los desarrolladores y investigadores trabajar con el modelo y mejorarlo. Además, OpenAI ha proporcionado una interfaz de programación de aplicaciones (API) para ChatGPT, lo que permite a los desarrolladores integrar fácilmente el modelo en sus aplicaciones.

OpenAI también ha sido muy transparente sobre los desafíos éticos y legales que plantea la IA, y ha adoptado un enfoque de responsabilidad en el desarrollo y promoción de su tecnología. Por ejemplo, la compañía ha desarrollado un marco de responsabilidad para la IA para guiar el desarrollo y uso de sus modelos, incluyendo ChatGPT. Esto incluye medidas para evitar el uso indebido de la tecnología, como la prevención del uso de ChatGPT para la difamación, el acoso o la discriminación. También incluye medidas para asegurar la privacidad y seguridad de los datos de los usuarios, y para garantizar que los modelos de IA, como ChatGPT, se desarrollen y utilicen de manera justa y equitativa.

OpenAI también ha trabajado activamente para educar a la comunidad sobre los desafíos éticos y legales de la IA y para fomentar un diálogo abierto y transparente sobre cómo abordar estos desafíos. Esto incluye la organización de eventos y conferencias para discutir los desafíos éticos de la IA, así como la publicación de investigaciones y estudios sobre los desafíos legales y éticos de la tecnología.

En resumen, ChatGPT es un modelo de lenguaje desarrollado por OpenAI, una empresa líder en el campo de la inteligencia artificial. El modelo se ha utilizado en una variedad de aplicaciones, incluyendo la salud. OpenAI ha sido transparente sobre el

¿Por qué Chat GPT cambiará el mundo? ...y cómo aprovecharlo.

—

desarrollo y funcionamiento de ChatGPT, y ha adoptado un enfoque de responsabilidad en el desarrollo y promoción de la tecnología para abordar los desafíos éticos y legales que plantea la IA.

Chat GPT fue entrenado utilizando una gran cantidad de datos de texto de internet, y utiliza una arquitectura de red neuronal conocida como Transformer para generar texto.

El proceso de entrenamiento se llevó a cabo mediante una técnica de aprendizaje automático conocida como "entrenamiento supervisado". En este proceso, el modelo es alimentado con datos de entrenamiento (texto) y sus respectivas etiquetas (respuestas correctas), y se le permite ajustar sus parámetros para producir respuestas correctas en función de los datos de entrenamiento.

El proceso se repitió varias veces hasta que el modelo alcanzó un rendimiento óptimo.

En resumen, se entrenó a ChatGPT con una gran cantidad de texto disponible en internet y se le

¿Por qué Chat GPT cambiará el mundo? ...y cómo aprovecharlo.

—

permitió ajustar sus parámetros para producir respuestas correctas en función de los datos de entrenamiento, mediante técnicas de aprendizaje automático supervisado.

4. ¿Qué aplicaciones y usos puede tener actualmente Chat GPT?

Actualmente, ChatGPT es utilizado para una variedad de aplicaciones, algunas de las más comunes son:

1. Generación de texto: ChatGPT puede generar texto a partir de una variedad de prompts, como preguntas, descripciones, títulos y más. Puede utilizarse para generar contenido automático como artículos de noticias, descripciones de productos, correos electrónicos y mensajes de chatbot.

2. Completar texto: ChatGPT puede utilizarse para completar fragmentos de texto, como frases incompletas, oraciones y párrafos. Esto puede ser útil para tareas como la escritura asistida o la corrección automática.

3. Responder preguntas: ChatGPT puede utilizarse para responder preguntas en una variedad de temas, como ciencia, tecnología, historia, entretenimiento y más.

4. Traducción automática: ChatGPT puede utilizarse para generar traducciones automáticas de texto a otro idioma.

5. Creación de diálogos: ChatGPT puede utilizarse para generar diálogos realistas y coherentes entre personajes.

6. Generación de código: ChatGPT puede utilizarse para generar fragmentos de código para diferentes lenguajes de programación, como Python, JavaScript, etc.

7. Generación de títulos: ChatGPT puede utilizarse para generar títulos de una variedad de contenidos, como noticias, artículos, libros, etc.

8. Generación de resúmenes: ChatGPT puede utilizarse para generar resúmenes automáticos de texto, como artículos, libros o noticias.

Es importante mencionar que estos son solo algunos ejemplos y el uso de ChatGPT puede ser adaptado a muchas otras aplicaciones y ámbitos dependiendo de la necesidad y la creatividad del usuario.

5. Cómo usar Chat GPT para mejorar la salud del mundo

Los usos de Chat GPT van a ser tan extraordinarios que podremos usarlo para casi cualquier cosa que se nos ocurra. Vamos a empezar por lo que muchos consideran lo más importante en la vida: La Salud.

¿Es posible usar Chat GPT para mejorar la salud de la gente? Esa misma pregunta me hice yo al empezar a escribir este libro.

Pues sí. Es posible.

Por cierto... lo que vas a leer ahora debes leerlo con esa madurez y sabiduría que sé que tienes y no pienses que Chat GPT va a sustituir a un médico. Ante cualquier síntoma es al médico al que deberás recurrir y no a Chat GPT. Pero Chat GPT y la inteligencia artificial si va a poder ayudar sobremanera a la medicina y a la ciencia.

¿Pero cómo Chat GPT puede ayudar a mejorar la salud del mundo? Lee y flipa:

1. Puedes utilizar ChatGPT para generar recomendaciones personalizadas de ejercicios y dietas para mejorar la salud física. Esto podría incluir sugerencias de rutinas de ejercicios adaptadas a las necesidades individuales de cada persona, así como consejos sobre qué alimentos incluir y evitar en su dieta.

2. Crear un chatbot de terapia de conversación para ayudar a las personas a manejar el estrés y la ansiedad. Este chatbot podría proporcionar técnicas de relajación, ejercicios

de meditación y consejos para mejorar la salud mental.

3. Utilizar ChatGPT para generar recordatorios personalizados para medicamentos y citas médicas. Esto podría incluir recordatorios para tomar medicamentos, citas con el médico y recordatorios para hacerse exámenes médicos regulares.

4. Crear un chatbot de educación sobre prevención de enfermedades y promoción de estilos de vida saludables. Este chatbot podría proporcionar información sobre cómo prevenir enfermedades como la diabetes, enfermedades cardíacas y cáncer, así como consejos para mejorar la salud en general.

5. Utilizar ChatGPT para generar notificaciones y alertas sobre el pronóstico del tiempo para personas con discapacidades o enfermedades crónicas. Esto podría incluir alertas sobre temperaturas extremas, precipitaciones y otros eventos climáticos

¿Por qué Chat GPT cambiará el mundo? ...y cómo aprovecharlo.

—

que puedan afectar a las personas con discapacidades o enfermedades crónicas.

6. Crear un chatbot de asesoramiento sobre medicamentos y tratamientos médicos. Este chatbot podría proporcionar información sobre los efectos secundarios de los medicamentos, las interacciones entre los medicamentos y cómo se debe tomar un medicamento.

7. Utilizar ChatGPT para generar contenido educativo sobre salud y bienestar para diferentes grupos demográficos. Este contenido podría ser adaptado a diferentes grupos de edad, género y preferencias culturales.

8. Utilizar ChatGPT para generar un chatbot de orientación en el autocuidado para personas con enfermedades crónicas. Este chatbot podría proporcionar consejos y recomendaciones para manejar síntomas, así

como información sobre los tratamientos disponibles.

9. Utilizar ChatGPT para generar informes de seguimiento de salud personalizados: ChatGPT podría generar informes de seguimiento de salud personalizados para los usuarios basados en sus hábitos de ejercicio, dieta y medicamentos.

10. Crear un chatbot para la gestión del dolor crónico: Un chatbot podría utilizar ChatGPT para ayudar a las personas con dolor crónico a manejar su dolor y brindarles recomendaciones para reducirlo.

11. Para generar recomendaciones de suplementos y vitaminas: ChatGPT podría analizar los hábitos alimenticios de un usuario y generar recomendaciones de suplementos y vitaminas para mejorar su salud.

12. Crear un chatbot de asesoramiento de sueño: Un chatbot de asesoramiento de sueño podría utilizar ChatGPT para ayudar a los usuarios a mejorar su calidad del sueño y brindarles consejos para dormir mejor.

13. Para generar recomendaciones de actividades relajantes: ChatGPT podría generar recomendaciones de actividades relajantes para ayudar a las personas a reducir el estrés y la ansiedad.

14. Para asesoramiento sobre cuidado de la piel: Un chatbot de asesoramiento sobre cuidado de la piel podría utilizar ChatGPT para proporcionar consejos y recomendaciones para mejorar la salud de la piel.

15. Para generar recomendaciones de seguros de salud: ChatGPT podría ayudar a los usuarios a comparar diferentes opciones de seguros de salud y generar recomendaciones personalizadas según sus necesidades y presupuesto.

6. ¿Cómo usar Chat GPT para que la Ciencia evolucione mejor y más rápido?

Si la ciencia se ve afectada por la evolución de la Inteligencia Artificial de manera más determinante y potente que como sucede hoy en día, las implicaciones serán exponenciales.

La influencia de la IA en la ciencia multiplicará la rapidez de los procesos, los descubrimientos, los inventos y las aplicaciones prácticas.

Se abrirá así la puerta a una nueva era donde el cambio multiplicará de manera más exponencial si cabe su velocidad. El cambio más importante será la velocidad del cambio.

Pero veámoslo con ejemplos reales ¿Qué podrá hacer la ciencia gracias a Chat GPT y la IA?:

1. Generación automática de hipótesis: ChatGPT puede ser entrenado en un corpus de datos científicos para generar hipótesis automáticamente. Esto podría ayudar a los

científicos a identificar nuevas áreas de investigación y ahorrar tiempo en la formulación de hipótesis.

2. Análisis automático de datos: ChatGPT puede ser entrenado para analizar grandes conjuntos de datos científicos y extraer información relevante. Esto podría ayudar a los científicos a identificar patrones y tendencias en los datos más rápidamente.

3. Generación automática de artículos científicos: ChatGPT puede ser utilizado para generar automáticamente artículos científicos a partir de un corpus de datos y conclusiones científicas. Esto podría ayudar a los científicos a publicar sus hallazgos de manera más eficiente.

4. Predicción de resultados: ChatGPT puede ser entrenado para predecir los resultados de un experimento o estudio científico en base a los datos anteriores. Esto podría ayudar a los

científicos a planificar y diseñar mejor sus experimentos, y a ahorrar tiempo y recursos en la ejecución de experimentos que tienen pocas posibilidades de éxito.

5. Creación de modelos matemáticos y simulaciones: ChatGPT puede ser entrenado para generar modelos matemáticos y simular escenarios científicos. Esto podría ayudar a los científicos a entender mejor los fenómenos naturales y a diseñar experimentos para probar sus hipótesis.

6. Asistencia en la revisión de artículos científicos: ChatGPT puede ser utilizado para ayudar en la revisión de artículos científicos, identificando posibles errores, incongruencias o falta de información o evidencias.

7. Ayudar en la traducción de artículos científicos: ChatGPT puede ser utilizado para traducir artículos científicos en diferentes idiomas, lo que podría ayudar a los científicos a acceder a información valiosa en otros idiomas.

En general, utilizar ChatGPT en la ciencia podría ayudar a los científicos a automatizar tareas tediosas y repetitivas, a analizar grandes conjuntos de datos, y a generar nuevas hipótesis y conclusiones.

Esto podría ayudar a acelerar el proceso de investigación científica y a mejorar la eficiencia en la investigación. Sin embargo es importante tener en cuenta que los modelos de IA y en especial ChatGPT es solo una herramienta y es importante tener una revisión crítica y humana en cualquier resultado generado por un modelo de IA.

7. ¿Cómo afectará Chat GPT a la educación?

La educación es uno de los pilares fundamentales de la evolución del ser humano. Uno de los pilares fundamentales del futuro de la humanidad, de la ciencia, de la economía, de la política, de casi todo.

En la educación comienza casi todo.

Y si Chat GPT va a afectar en la educación, va a afectar al futuro del mundo.

Vamos a ver qué responde Chat GPT si le preguntamos:

¿Qué impacto puede tener chat gpt en la educación?

Esto es lo que nos responde:

ChatGPT puede tener un impacto positivo en la educación al proporcionar una forma automatizada de generar contenido educativo personalizado y adaptativo.

Puede utilizarse para generar preguntas de práctica, resúmenes, explicaciones y materiales de lectura adicionales para apoyar el aprendizaje de los estudiantes.

También puede ser utilizado para generar respuestas automatizadas a preguntas de los estudiantes, lo que puede ser útil en situaciones en las que un profesor no está disponible para responder preguntas en tiempo real.

Sin embargo, es importante tener en cuenta que el contenido generado por un modelo de lenguaje como ChatGPT debe ser revisado y verificado por un profesor antes de ser utilizado en un entorno educativo.

Ahora analicemos la respuesta de esta Inteligencia Artificial. Como podemos ver, la respuesta aborda únicamente la parte positiva de la Inteligencia Artificial, cuando el ser humano, normalmente, al oir hablar de Chat GPT e Inteligencia artificial lo primero que siente es miedo. Peligro. Incluso algunos horror, espanto y ansiedad. Es decir, Chat GPT puede tener, por supuesto, un impacto tremendamente positivo en la salud, la ciencia, la educación y miles de áreas, pero, como todos sabemos y algunos temen, también puede ser usada para cosas negativas.

Pero esta parte negativa no aparece en la respuesta que nos ofrece Chat GPT y cuando menos… sorprende.

Vamos entonces a preguntarle ahora a Chat GPT si su inteligencia artificial podría tener algún impacto negativo ¡A ver qué nos responde!

Le pregunto: *¿Chat gpt podría tener algún impacto negativo en la educación?*

Y me responde:

Sí, ChatGPT podría tener algunos impactos negativos en la educación si no se utiliza adecuadamente. Algunos de estos impactos negativos potenciales incluyen:

Confusión de los estudiantes: El contenido generado por un modelo de lenguaje como ChatGPT puede no ser siempre preciso o coherente, lo que podría causar confusión entre los estudiantes.

Falta de crítica pensamiento: Si los estudiantes solo se basan en el contenido generado por ChatGPT, podrían no desarrollar habilidades de pensamiento crítico y análisis.

Pérdida de interacción humana: El uso excesivo de ChatGPT en el aula podría reemplazar la interacción humana entre los estudiantes y los profesores, lo que podría tener un impacto negativo en el aprendizaje y el desarrollo social de los estudiantes.

Limitaciones en el contenido generado: El modelo puede tener limitaciones en la comprensión de contexto o de contenido específico y generar respuestas inadecuadas.

¿Por qué Chat GPT cambiará el mundo? ...y cómo aprovecharlo.

—

Es importante tener en cuenta que ChatGPT es una herramienta y debe ser utilizado en conjunto con el enfoque y la supervisión de un profesor capacitado.

Si te soy sincero, esta respuesta me gusta más y creo que al hacerle la primera pregunta ya debería haberme ofrecido la parte positiva y negativa del impacto de Chat GPT en la educación.

Pero también creo, que ninguno de nosotros necesitamos que Chat GPT nos explique que es una herramienta y que como todas las herramientas del mundo, puede ser usada para hacer cosas positivas y negativas.

Nadie nos tiene que explicar a estas alturas que un cuchillo puede ser usado para comer o para matar. Por lo que tampoco es, quizá, necesario que nos expliquen que lo mismo sucede con Chat GPT, la Inteligencia Artificial y cualquier otra herramienta o tecnología que desarrolle el ser humano.

8. ¿Corren peligro miles de empleos por Chat GPT y la Inteligencia Artificial?

La respuesta corta: Sí.

La respuesta larga: Vamos a ver qué dijo sobre este tema una de las personas más ricas e influyentes del mundo y qué, por tanto, más información puede tener al respecto: Elon Musk.

Elon Musk, el fundador de SpaceX y Tesla, ha sido un crítico vocal de la inteligencia artificial (IA). Él ha expresado preocupaciones sobre el potencial de la IA para causar daño a la humanidad si no se regula adecuadamente. Musk ha argumentado que la IA podría superar a los humanos en términos de inteligencia y capacidad, lo que podría conducir a una "singularidad" en la que las máquinas tomarían el control de la humanidad.

Musk ha llamado a la creación de una regulación gubernamental sobre el desarrollo de la IA y ha invertido en compañías de IA que se enfocan en el desarrollo de tecnologías éticas y seguras. También ha fundado OpenAI, una organización de investigación de IA que se dedica a desarrollar tecnologías éticas y seguras.

Sin embargo, también ha mencionado que la IA podría ayudar a resolver problemas globales como el cambio climático y la energía renovable, y que podría tener un gran impacto en la mejora de la vida humana en general.

En resumen, Elon Musk ha sido crítico con la IA, pero también ha reconocido su potencial para el bien y ha invertido en desarrollar tecnologías éticas y seguras.

Elon Musk, además alerta a los gobiernos que habrá despidos masivos y los advierte que deberán trabajar en una renta básica universal para solucionar esta posible cercana revolución que afectará a miles de personas.

Cito literalmente algunas de las reflexiones de Elon Musk al respecto:

¿Por qué Chat GPT cambiará el mundo? ...y cómo aprovecharlo.

—

Hasta que la gente no vea a los robots matar a personas por la calle no se entenderán los peligros de la inteligencia artificial. Los robots podrán hacer todo mejor que nosotros. Estamos expuestos a una IA más vanguardista y creo que la gente debería estar realmente preocupada por ello. Suelo estar en contra de las regulaciones estrictas, pero en inteligencia artificial la necesitamos.

La pregunta inmediata al respecto, si creemos que esto pudiera llegar a pasar sería: ¿Qué puestos de trabajo corren más peligro con Chat GPT?

Si preguntamos eso a Chat GPT, se va a curar en salud, y no va a responder a la pregunta. No nos va a dar un listado de empleos que pueden desaparecer. Cosa que sí hace cuándo le haces preguntas parecidas pero en otra materia.

Veamos lo que responde a este tema:

Es posible que ChatGPT y otros modelos de lenguaje automatizados puedan reemplazar algunos trabajos relacionados con la generación de contenido escrito, como la redacción de correos electrónicos y documentos comerciales, la generación de noticias y artículos, y la generación de preguntas y respuestas.

Sin embargo, es importante tener en cuenta que estos modelos de lenguaje aún tienen limitaciones y no pueden reemplazar completamente la creatividad y el pensamiento crítico de un ser humano. Por lo tanto, es probable que los trabajos que requieren habilidades humanas específicas, como la interpretación, la creatividad, la empatía y la capacidad de tomar decisiones complejas, no se vean afectados significativamente por ChatGPT.

En lugar de reemplazar completamente los trabajos, es más probable que ChatGPT y otros modelos de lenguaje automatizados se utilicen como herramientas para apoyar y mejorar el rendimiento de los trabajadores en ciertos campos, y podría generar nuevos puestos de trabajo relacionados con el desarrollo, la implementación y el mantenimiento de estas tecnologías.

Como ves, no nos ofrece un listado de empleos en riesgo potencial de desaparecer.

Sin embargo, si cambiamos la pregunta, dejando todo igual, salvo el final, donde sustituimos Chat GPT por cualquier otra cosa, la forma de responder cambia.

Es decir, he hecho la prueba de cambiar esto:

¿Qué puestos de trabajo podrían acabar con Chat GPT?

Por esto:

¿Qué puestos de trabajo podrían acabar si hubiese un apagón mundial?

Y si ahora el "culpable" de la pérdida de empleos en un hipotético Apagón Mundial, ya sí nos muestra un listado de empleos que podrían desaparecer. Algo que no había hecho si el "culpable" era Chat GPT.

Mira lo que nos responde ahora:

Un apagón mundial podría tener un impacto significativo en la economía y los trabajos, ya que muchas industrias y sistemas dependen de la energía eléctrica para funcionar. Algunos de los trabajos que podrían verse más afectados en caso de un apagón mundial incluyen:

1. *Trabajos relacionados con la tecnología: Muchos trabajos en la industria tecnológica, como los relacionados con la informática y la automatización, requieren energía eléctrica para funcionar.*

2. *Trabajos relacionados con la comunicación: Sin energía eléctrica, los sistemas de comunicación, como los teléfonos y las redes de internet, no funcionarían.*

3. *Trabajos relacionados con la infraestructura: Los trabajos relacionados con la infraestructura, como los relacionados con la*

construcción y el mantenimiento de líneas de energía, podrían verse afectados.

4. Trabajos relacionados con el transporte: Los trabajos relacionados con el transporte, como los relacionados con la conducción de vehículos y el mantenimiento de maquinaria, podrían verse afectados.

5. Trabajos relacionados con la industria: Muchas industrias, como la fabricación y la minería, dependen de la energía eléctrica para funcionar.

6. Trabajos relacionados con el servicio: Muchos servicios, como los relacionados con la atención médica y la seguridad, podrían verse afectados por la falta de energía eléctrica.

Sin embargo, es importante tener en cuenta que un apagón mundial es un evento altamente poco probable y que existen medidas de contingencia y sistemas de seguridad en su lugar para evitar este tipo de eventos.

Como ves ahora si hay una respuesta clara. Si hay un listado de posibles empleos perdidos. La cosa cambia en la respuesta cuándo cambia "el culpable".

9. Cómo poner a prueba a Chat GPT.

Cómo has visto en el punto anterior, he puesto a prueba a Chat GPT de una manera muy sencilla para analizar si cambiaba o no la respuesta en función de quién era el "culpable".

Es decir, si "el culpable" de que puedan desaparecer miles de empleos era Chat GPT y le pregunto qué empleos pueden desaparecer por "su culpa". Responde "evadiendo" esa pregunta, no nos muestra un listado de "empleos en riesgo".

Pero si hacemos la misma pregunta con "otro culpable" (en mi ejemplo era un apagón mundial), entonces sí nos ofrece un listado de "empleos en riesgo".

Ahora estás tú, para sacar conclusiones.

Una cosa es lo que responda Chat GPT y otra lo que nosotros consideremos cierto o verdadero. Este es un súper desafío para la humanidad, ya que ignoramos más de lo que conocemos y en la mayoría de los casos, daremos por cierta, la respuesta que recibamos.

Otra forma de poner a prueba Chat GPT es preguntarle por temas ideológicos, donde cada uno pensamos una cosa diferente.

En este caso le he hecho una "pregunta trampa" para ver cómo respondía, y a mi modo de ver, en este caso, ha sabido "curarse en salud" antes de mostrar la respuesta.

La pregunta que le he hecho es:
Hazme un listado de cosas positivas de las dictaduras

Y me ha respondido:

Es importante tener en cuenta que las dictaduras son regímenes políticos autoritarios y represivos en los que una sola persona o un pequeño grupo de personas ejercen un control absoluto sobre el Estado y la sociedad. A menudo, las dictaduras se caracterizan por la represión de las libertades civiles y los derechos humanos, la corrupción y la violencia. Es difícil argumentar que hay algo positivo en un régimen de este tipo, Sin embargo, aquí te doy un listado de algunas cosas que se podrían argumentar como "positivas" de las dictaduras, pero estas son vistas de manera muy cuestionable y controvertida:

Estabilidad política: Algunas personas argumentan que las dictaduras pueden proporcionar estabilidad política al evitar la inestabilidad causada por conflictos políticos constantes.

Desarrollo económico: Algunas dictaduras han implementado políticas económicas que han llevado al desarrollo económico del país, especialmente en países que anteriormente habían estado en condiciones de pobreza extrema.

Control del crimen: Algunas dictaduras han implementado medidas para controlar el crimen y la *violencia, lo que puede tener un impacto positivo en la seguridad de las personas. Control de la inmigración: Algunas dictaduras han implementado medidas para controlar la inmigración ilegal.*

Sin embargo, es importante tener en cuenta que estas posibles "ventajas" son generalmente obtenidas a expensas de la libertad, los derechos humanos y la democracia, y son siempre superadas por los daños causados por la represión, la violencia y la falta de transparencia en las acciones de las autoridades.

Como ves, tanto antes como después de la respuesta que le pedía ha hecho un "disclaimer" y ha tratado de explicar que una dictadura va contra los derechos humanos. De hecho es capaz de entrecomillar palabras como "ventajas", algo que es tremendamente interesante desde un punto de vista analítico. Unas simples comillas en una simple palabra tienen mucho significado y es muy simbólico. Nos habla, aún más, de la tremenda potencia y capacidad de esta tecnología.

10. ¿Debemos tener miedo a Chat GPT y la Inteligencia artificial?

Nadie debería responder por ti a esta pregunta. Tú deberías ser el único dueño de tus miedos.

Dicho esto, si el ser humano se ha caracterizado por algo, es por estar cambiando y revolucionando el mundo de forma constante.

De hecho, como he comentado antes, el mayor cambio, la mayor revolución de la historia de la humanidad no es ni la invención del fuego, ni de la rueda, ni la Revolución Industrial, ni la electricidad, ni Internet, ni el Metaverso, ni la Inteligencia Artificial. La mayor revolución, el mayor cambio de nuestra era, es la propia velocidad del cambio.

Y aumentar la velocidad, puede aumentar el peligro. Ya lo sabemos cuándo conducimos un coche o una moto. Ahora habrá que verlo también, cuándo "conducimos" el mundo.

Quizá nos toca empezar a abordar este tema como se merece, dándole la importancia que merece y dedicando los recursos necesarios a que Chat GPT y la Inteligencia Artificial en su conjunto, avance desde la responsabilidad y usándola únicamente para mejorar el bienestar y la calidad del mundo.

Sin duda, un reto apasionante.

Si me preguntas a mi, me gusta ser positivo y pensar que podemos avanzar usando la tecnología para mejorar las cosas.

Por eso este libro se titula: ¿Por qué Chat GPT va a cambiar el mundo? ... y cómo aprovecharlo.

Esa última parte del título es la que encierra esta mentalidad positiva que creo que deben ser las botas que nos pongamos para caminar por ese misterioso y apasionante camino de la Inteligencia Artificial.

11. Cómo usar Chat GPT en el trabajo

Ya sabes que el que golpea primero golpea dos veces. Si eres de los primeros en sacarle partido a Chat GPT quizá consigas marcar la diferencia y conseguir mejores resultados en menos tiempo que el resto.

ChatGPT es un modelo de lenguaje automatizado que puede ser utilizado en el trabajo de varias maneras para mejorar la eficiencia y la productividad. Algunas formas en las que se podría utilizar ChatGPT en el trabajo incluyen:

1. Generación de contenido: ChatGPT puede utilizarse para generar contenido escrito, como correos electrónicos, informes, artículos y resúmenes. Esto puede ahorrar tiempo y esfuerzo en la redacción de contenido.

2. Asistente virtual: ChatGPT puede ser utilizado como asistente virtual para responder preguntas de los clientes y los empleados, lo que puede ayudar a mejorar la atención al cliente y la eficiencia del servicio.

3. Generación de preguntas y respuestas: ChatGPT puede ser utilizado para generar preguntas y respuestas para encuestas, exámenes y otras evaluaciones.

4. Generación de código: ChatGPT puede ser entrenado para generar código en diferentes lenguajes de programación, lo cual podría ayudar a ahorrar tiempo y esfuerzo en el desarrollo de software.

5. Análisis de datos: ChatGPT puede ser entrenado para analizar grandes conjuntos de datos y generar informes y conclusiones.

Es importante tener en cuenta que el contenido generado por ChatGPT debe ser revisado y verificado antes de ser utilizado en un entorno laboral, ya que puede contener errores o imprecisiones. Además, es recomendable tener un equipo de expertos en IA y en el área de trabajo específico para supervisar el uso de ChatGPT y asegurar su correcta implementación.

Pero veamos algunos ejemplos más prácticos:

1. Redacción de correos electrónicos: Un asistente de ventas podría utilizar ChatGPT para generar correos electrónicos personalizados a los clientes potenciales, lo que podría ayudar a ahorrar tiempo y esfuerzo en la redacción de correos electrónicos.

2. Generación de artículos: Un periodista podría utilizar ChatGPT para generar borradores de artículos, lo que podría ayudar a ahorrar tiempo y esfuerzo en la investigación y la redacción de artículos.

3. Asistente virtual: Una empresa podría utilizar ChatGPT como un asistente virtual para responder preguntas de los clientes en tiempo real, lo que podría ayudar a mejorar la atención al cliente y la eficiencia del servicio.

4. Generación de preguntas y respuestas: Un profesor podría utilizar ChatGPT para generar preguntas y respuestas para exámenes y

¿Por qué Chat GPT cambiará el mundo? ...y cómo aprovecharlo.

—

evaluaciones, lo que podría ayudar a ahorrar tiempo y esfuerzo en la creación de preguntas y respuestas.

5. Generación de código: Un desarrollador podría utilizar ChatGPT para generar código en diferentes lenguajes de programación, lo cual podría ayudar a ahorrar tiempo y esfuerzo en el desarrollo de software.

6. Análisis de datos: Un analista de datos podría utilizar ChatGPT para analizar grandes conjuntos de datos y generar informes y conclusiones, lo cual podría ayudar a ahorrar tiempo y esfuerzo en el análisis de datos.

Estos ejemplos son solo algunas de las formas en que ChatGPT podría ser utilizado en distintos trabajos, y que el potencial de esta herramienta podría variar dependiendo del ámbito laboral y del contexto específico.

12. Cómo usar Chat GPT para ganar dinero desde casa (sin invertir)

Aquí te doy algunos ejemplos de cómo podrías utilizar ChatGPT para ganar dinero desde casa:

1. Generación de contenido: Puedes utilizar ChatGPT para generar contenido escrito, como artículos, blogs, correos electrónicos, y venderlo a sitios web, blogueros y empresas interesadas en contenido generado automáticamente.

2. Asistente virtual: Puedes crear un Bot de asistente virtual utilizando ChatGPT y ofrecer tus servicios a empresas y sitios web que necesiten un asistente virtual para interactuar con sus clientes.

3. Generación de preguntas y respuestas: Puedes utilizar ChatGPT para generar preguntas y respuestas para exámenes, evaluaciones y encuestas y venderlas a instituciones educativas

o empresas que necesiten contenido de este tipo.

4. Generación de código: Puedes utilizar ChatGPT para generar código en diferentes lenguaje es de programación y ofrecer tus servicios como desarrollador de software automatizado a empresas interesadas en esta tecnología.

5. Creación de juegos o historias: Puedes utilizar ChatGPT para generar diálogos, historias o juegos interactivos y venderlos a empresas o sitios web interesados en este tipo de contenido.

6. Análisis de datos: Puedes utilizar ChatGPT para analizar grandes conjuntos de datos y ofrecer tus servicios como analista de datos automatizado a empresas interesadas en esta tecnología.

Estos son solo algunos ejemplos de cómo podrías utilizar ChatGPT para ganar dinero desde casa, pero es importante tener en cuenta que ganar dinero requiere de esfuerzo, dedicación y una estrategia adecuada.

Es importante investigar y estudiar los diferentes mercados y nichos en los cuales puedes ofrecer tus servicios, y establecer un plan sólido para promocionar y vender tus productos o servicios.

Pero vamos a profundizar con más detalle en este tema, ya que en función de nuestro trabajo podríamos usar Chat GPT para ganar dinero de formas muy diferentes.

Así que lo mejor será ver algunos ejemplos de cómo usar Chat GPT para ganar dinero en función de cada profesión. Así nos podrá dar ideas de qué cosas podríamos hacer.

12.1 ¿Cómo usar Chat GPT para ganar dinero si vendes cursos online?

Vemos casos prácticos en distintas profesiones... Empezamos por los profesores online o cualquier persona de cualquier oficio que quiera enseñar su profesión realizando un curso online.

Y empiezo por aquí, porque es a lo que me dedico yo en escuelaemprende.com y este maravilloso modelo de negocio, del que estoy enamorado, porque no solo te permite enseñar y ayudar a miles de personas por todo el mundo, sino que te permite generar ingresos escalables sin vender tu tiempo. Gracias a los vídeos grabados y a las plataformas para vender cursos online como WordPress, donde de forma sencilla puedes agregar pasarelas de pago y un área privada para los alumnos.

De hecho gracias a ello, yo pude escribir el libro: Vivir en sábado, también disponible en Amazon y donde explico como ganar dinero sin vender tiempo.

Ahora que ya sabes por qué empiezo con este ejemplo de vender cursos online, vamos a ver, en qué nos podría ayudar Chat GPT para ganar dinero con esta maravillosa profesión:

Generación de contenido: Puedes utilizar ChatGPT para generar contenido escrito para tus cursos online, como guías de estudio, exámenes, y preguntas y respuestas. Esto puede ayudarte a ahorrar tiempo y esfuerzo en la creación de contenido.

Generación de diálogos: Puedes utilizar ChatGPT para generar diálogos y escenarios para tus cursos de idiomas o de comunicación, lo cual ayudaría a mejorar la experiencia de aprendizaje de tus estudiantes.

Generación de código: Si vendes cursos de programación, puedes utilizar ChatGPT para generar código y ejemplos para tus cursos, lo cual ayudaría a mejorar la comprensión de tus estudiantes.

Creación de cuestionarios: Puedes utilizar ChatGPT para generar cuestionarios y evaluaciones para tus cursos online, lo que ayudaría a evaluar el progreso de tus estudiantes.

Asistente virtual: Puedes utilizar ChatGPT como un asistente virtual para responder preguntas de tus estudiantes y mejorar la atención al cliente.

12.2 ¿Cómo usar Chat GPT para ganar dinero trabajando como abogado?

Esta mañana, cuándo dejaba a mis hijos en el cole, he estado hablando de Chat GPT con otro padre del cole muy amigo mío.

Él es abogado y, en plan de broma me preguntaba: ¿Entonces me va a redactar Chat GPT los informes?

Pues para él, y para todos los abogados que estéis leyendo este libro, mirad como Chat GPT puede ayudaros en vuestro trabajo diario:

ChatGPT puede ser utilizado como una herramienta para ganar dinero trabajando desde casa como abogado de varias maneras. Algunos ejemplos incluyen:

1. Redacción de documentos legales: Puedes utilizar ChatGPT para generar borradores de documentos legales, como contratos, demandas, y escritos de apelación, lo que te

ayudaría a ahorrar tiempo y esfuerzo en la redacción de documentos legales.

2. Generación de argumentos legales: Puedes utilizar ChatGPT para generar argumentos legales para tus casos y estudiar diferentes escenarios legales.

3. Análisis de precedentes: Puedes utilizar ChatGPT para analizar precedentes legales y ayudarte a encontrar casos similares para tus casos.

4. Asistente virtual: Puedes crear un bot de asistente virtual utilizando ChatGPT y ofrecer tus servicios como abogado virtual a clientes que necesiten asesoramiento legal pero no puedan visitarte en persona.

5. Creación de cuestionarios legales: Puedes utilizar ChatGPT para generar cuestionarios legales y evaluaciones para tus clientes, lo que ayudaría a evaluar su situación legal y proporcionar un asesoramiento adecuado.

Es importante tener en cuenta que trabajar como abogado requiere una formación y una experiencia específica, y ChatGPT no puede reemplazar a un abogado humano. Es importante supervisar y verificar toda la información generada por ChatGPT antes de utilizarla en un caso real. Además, es importante cumplir con las regulaciones legales y éticas aplicables en tu país o estado.

12.3 ¿Cómo usar Chat GPT para ganar dinero trabajando como coach o consultor?

Veamos algunos ejemplos prácticos:

1. Generación de planes de acción: Puedes utilizar ChatGPT para generar planes de acción personalizados para tus clientes, basados en sus objetivos y necesidades.

2. Generación de preguntas de reflexión: Puedes utilizar ChatGPT para generar preguntas de reflexión para tus sesiones de coaching o

consultoría, lo que ayudaría a tus clientes a reflexionar sobre sus metas y objetivos.

3. Creación de ejercicios y actividades: Puedes utilizar ChatGPT para generar ejercicios y actividades para tus sesiones de coaching o consultoría, lo que ayudaría a tus clientes a alcanzar sus metas de manera más efectiva.

4. Generación de discursos motivacionales: Puedes utilizar ChatGPT para generar discursos motivacionales para tus clientes, lo que les ayudaría a mantenerse enfocados en sus metas y objetivos.

5. Asistente virtual: Puedes utilizar ChatGPT como un asistente virtual para responder preguntas de tus clientes y proporcionar información adicional sobre tus servicios de coaching o consultoría.

Es importante tener en cuenta que el trabajar como coach o consultor requiere habilidades específicas y experiencia, y ChatGPT no puede reemplazar a un coach o consultor humano. Es importante supervisar y verificar toda la información generada por ChatGPT antes de utilizarla con tus clientes. Es importante también seguir las regulaciones y códigos éticos aplicables en tu país o estado.

12.4 ¿Cómo usar Chat GPT para ganar dinero trabajando como psicólogo?

1. Generación de preguntas para evaluaciones: Puedes utilizar ChatGPT para generar preguntas para evaluaciones psicológicas, lo que te ayudaría a ahorrar tiempo y esfuerzo en la creación de evaluaciones.

2. Generación de interpretaciones de test psicológicos: Puedes utilizar ChatGPT para generar interpretaciones de test psicológicos, lo que te ayudaría a ahorrar tiempo y esfuerzo en la interpretación de resultados.

3. Generación de planes de tratamiento: Puedes utilizar ChatGPT para generar planes de tratamiento personalizados para tus pacientes, basados en sus evaluaciones y necesidades.

4. Creación de ejercicios de terapia: Puedes utilizar ChatGPT para generar ejercicios de terapia para tus pacientes, lo que ayudaría a mejorar su bienestar y tratamiento.

5. Generación de discursos motivacionales: Puedes utilizar ChatGPT para generar discursos motivacionales para tus pacientes, lo que les ayudaría a mantenerse enfocados en su tratamiento y metas de recuperación.

Es importante tener en cuenta que trabajar como psicólogo requiere una formación y una experiencia específica, y ChatGPT no puede reemplazar a un psicólogo humano. Es importante supervisar y verificar toda la información generada por ChatGPT antes de utilizarla con tus pacientes.

12.5 ¿Cómo usar Chat GPT para ganar dinero trabajando como escritor o periodista?

Aunque son dos profesiones distintas, ambas, tienen normalmente puntos comunes, así qué vamos a ver casos prácticos de cómo Chat GPT podría ayudar a mejorar la eficiencia de estas profesiones:

1. Generación de ideas para historias: Puedes utilizar ChatGPT para generar ideas para historias y artículos periodísticos, lo que te ayudaría a ahorrar tiempo y esfuerzo en la investigación de temas.

2. Generación de borradores de artículos: Puedes utilizar ChatGPT para generar borradores de artículos, lo que te ayudaría a ahorrar tiempo y esfuerzo en la redacción.

3. Generación de encabezados y subtítulos: Puedes utilizar ChatGPT para generar encabezados y subtítulos atractivos para tus artículos.

4. Generación de respuestas a preguntas de entrevistas: Puedes utilizar ChatGPT para generar respuestas a preguntas de entrevistas, lo que te ayudaría a prepararte para entrevistas con personas relevantes.

5. Generación de discursos: Puedes utilizar ChatGPT para generar discursos o presentaciones para

eventos o conferencias, lo que te ayudaría a prepararte de manera más eficiente.

Es importante tener en cuenta que trabajar como escritor o periodista requiere habilidades específicas y experiencia, y ChatGPT no puede reemplazar a un escritor o periodista humano. Es importante supervisar y verificar toda la información generada por ChatGPT antes de utilizarla en una publicación o en una entrevista. Es importante también seguir las regulaciones éticas aplicables en tu país o estado y las normas de publicación.

12.6 ¿Cómo usar Chat GPT para ganar dinero trabajando como youtuber?

ChatGPT puede ser utilizado como una herramienta para ganar dinero trabajando como YouTuber de varias maneras.

Algunos ejemplos serían:

1. Generación de ideas para videos: Puedes utilizar ChatGPT para generar ideas para videos, lo que te

ayudaría a ahorrar tiempo y esfuerzo en la investigación de temas.

2. Generación de guiones de videos: Puedes utilizar ChatGPT para generar guiones de videos, lo que te ayudaría a ahorrar tiempo y esfuerzo en la escritura.

3. Generación de títulos y descripciones: Puedes utilizar ChatGPT para generar títulos y descripciones atractivos para tus videos, lo que aumentaría la visibilidad de tus videos en YouTube.

4. Generación de respuestas a comentarios de los videos: Puedes utilizar ChatGPT para generar respuestas a los comentarios de tus videos, lo que te ayudaría a interactuar con tus seguidores de manera más eficiente.

5. Generación de scripts para video blogs: Puedes utilizar ChatGPT para generar scripts para tus video blogs, lo que te ayudaría a ahorrar tiempo y esfuerzo en la escritura.

12.7 ¿Cómo usar Chat GPT para ganar dinero trabajando como influencer?

Una persona que vive de publicar en Instagram y otras redes sociales puede utilizar ChatGPT para generar contenido escrito como descripciones de publicaciones, comentarios y captions. Algunas formas específicas en las que podría utilizar ChatGPT son:

1. Generar descripciones de publicaciones atractivas e informativas: ChatGPT puede ayudar a generar descripciones de publicaciones que sean atractivas para el público y que también proporcionen información útil sobre el producto o servicio que se está promocionando.

2. Crear captions creativos y atractivos: ChatGPT puede ayudar a generar captions que llamen la atención de los seguidores y los animen a interactuar con el contenido, por ejemplo a través de preguntas o desafíos.

¿Por qué Chat GPT cambiará el mundo? ...y cómo aprovecharlo.

–

3. Generar comentarios en otros post con el objetivo de generar engagement o interacción: ChatGPT puede ayudar a generar comentarios en post de otras cuentas que sean relevantes y interesantes para la audiencia objetivo, con el objetivo de generar interacción y engagement con otros usuarios.

4. Crear contenido para stories, IGTV o Reels: ChatGPT puede ayudar a generar un guion para historias, vídeos o reels que puedan ser utilizados en Instagram, con el objetivo de atraer a la audiencia y generar interacción.

Es importante tener en cuenta que el contenido generado por ChatGPT debe ser revisado y adaptado antes de ser publicado, ya que el modelo puede tener limitaciones y no siempre generará contenido apropiado.

13. Las integraciones de Chat GPT en otras herramientas

En el momento en el que estoy escribiendo este libro, Chat GPT no ha hecho más que empezar y ya hay cientos de noticias hablando de que Chat GPT se va a integrar en Microsoft Office.

Es decir, debido a la millonaria inversión de Bill Gates en Chat GPT, esta herramienta se integrará en muchos de los programas y herramientas más usados del mundo como PowerPoint, Outlook, etc. Incluso el buscador Bing, propiedad de Microsoft, podría integrarlo próximamente, lo que muchos piensan, que puede hacer "tambalearse" al propio Google.

Pero esto es solo el principio.

El todo poderoso Google lleva años invirtiendo en Inteligencia Artificial y quizá Chat GPT, en unos años parezca una herramienta arcaica ante los ojos de nuestros hijos o nietos.

La velocidad del cambio hará que esta tecnología se integre de manera fulgurante con otras herramientas y esto provocará un cambio exponencial a la hora de trabajar en casi cualquier empleo, como sucediera años atrás con Internet.

13.1   Extensiones brutales para Chat GPT

Lo de la extensiones de Chrome para multiplicar la potencia de Chat GPT es algo que me tiene enamorado.

Instalando una simple extensión gratuita en el navegador podemos aumentar las funcionalidades de Chat GPT de una manera brutal.

En mi Curso Gratis de Chat GPT y en mi Canal de YouTube las explico paso a paso, pero te voy a dar un adelanto para que te vayas enamorando tú también.

Mira a qué me refiero: Como ya sabrás, tanto Microsoft, como las empresas más potentes del mundo, Google, Facebook, Apple... están invirtiendo auténticas millonadas en desarrollar herramientas como Chat

GPT e incluso mucho más avanzadas para quedarse con el goloso pastel de la inteligencia artificial, porque saben que habrá mucho dinero detrás.

Pues bien, muchas de esas funcionalidades para las que están invirtiendo ingentes salvajadas de dinero, ya las podemos tener de forma gratuita en nuestro ordenador, sin esperar a que las desarrollen.

No sé si has leido bien esta última frase. Si leías mientras pensabas en otra cosa, vuelve a leerla, venga, te la repito yo porque me parece brutal:

Pues bien, muchas de esas funcionalidades para las que están invirtiendo ingentes salvajadas de dinero, ya las podemos tener de forma gratuita en nuestro ordenador, sin esperar a que las desarrollen.

Si en los libros en papel pudiesemos reproducir vídeos, ahora te ponía un vídeo para que lo vieses. Pero como (de momento) no puedo, voy a tratar de explicartelo de la manera más visual y sencilla que pueda:

1. En los navegadores podemos instalar EXTENSIONES gratis.
2. Están desarrollando extensiones increibles para multiplicar la potencia y funcionalidades de ChatGPT
3. Yo he probado un montón y cada una que pruebo me gusta más que la anterior.

Te pongo ejemplos:

AIPRM for ChatGPT

Crea prompts brutales que nos permiten cosas brutales (luego te explicaré con detalle, qué es un prompt y cómo escribirlos correctamente).

Por ejemplo podremos:

1. Escribir post en 1 clic
2. Crear libros en 1 clic
3. Crear post basados en un post de la competencia, en segundos
4. Crear el calendario de publicación de un año, en 1 clic

5. Etc.

Simplemente alucinante, parece magia. Pero esta no es la única extensión que nos va a permitir multiplicar las funcionalidades de Chat GPT.

Veamos algunas otras que me han gustado, pero ya digo que son casi infinitas. Para estar a la última tendrías que suscribirte a mi Canal de YouTube o apuntarte a mis Cursos Gratis o a los de Pago (con mi soporte) porque allí, lógicamente, es más fácil subir las actualizaciones que en los libros.

Chat GPT Writer

Otra que me ha encantado es una extensión con la que podemos responder email usando la Inteligencia Artificial.

¿En qué nos puede ayudar esto?

1. Puedes responder preguntas que no sepas y que Chat GPT si sabe.
2. Puedes dar respuestas largas y complejas sin escribir una palabra

3. Puedes ahorrar muchímimos minutos al días, horas a la semana y días al año.
4. Puedes usarla para crear contenido en base a lo que veas en cualquier web del mundo.
5. etc

Las posibilidades y el ahorro de tiempo son incalculables. Si, por ejemplo, usas Gmail, junto al botón de enviar, te aparecerá el icono de Chat GPT Writer y al pulsar... comienza la magia.

WebChatGPT

El día que yo escribo esto, Chat GPT no se conecta a internet. Y lo digo así porque esto va tan rápido que quizá en unos meses ya esté conectado.

Sería lo lógico, viendo que todas las alternativas a Chat GPT, como BingChat, you.com, Bard, etc. tienen y van a tener conexión a Internet.

Pero bueno... a lo que iba... cuándo queramos añadir alguna funcionalidad que todavía no hayan desarrollado de manera nativa, instalamos una extensión y a correr. Nos adelantamos al futuro. Y eso pasa con esta extensión, que conecta Chat GPT a Google cuándo si usas únicamente Chat GPT sin extensiones, sería imposible.

Así que lo dicho... si quieres conocer muchas más y que te las explique paso a paso, tienes que saltar a los vídeos de mi Canal de YouTube o de www.escuelaemprende.com

13.2   La API de chat GPT y el "Código abierto"

ChatGPT, el modelo de lenguaje desarrollado por OpenAI, no es de código abierto en el sentido tradicional. OpenAI proporciona acceso al modelo mediante una API (interfaz de programación de aplicaciones), la cual es utilizada para acceder a las funciones del modelo, pero el código fuente no está disponible para su modificación o distribución.

OpenAI tiene un enfoque de investigación y desarrollo basado en el código abierto, pero tiene un modelo de negocio diferente a la mayoría de las empresas de código abierto. OpenAI ofrece acceso a sus modelos de lenguaje mediante una API con un costo, pero también tiene una política de uso gratuito para investigadores académicos y organizaciones sin fines de lucro.

Además, OpenAI ha publicado algunos modelos y herramientas de código abierto, como GPT-3, DALL-E, y Hugging Face, y también colabora con la comunidad en proyectos de investigación. OpenAI está comprometido con la transparencia y la colaboración con la comunidad de investigación de inteligencia artificial, y está dispuesto a compartir su tecnología con cualquier persona interesada en usarla para fines éticos y legales.

ChatGPT puede integrarse con otras herramientas conocidas a través de una API (interfaz de programación de aplicaciones), lo que permite que otras aplicaciones o plataformas accedan a sus funciones y utilicen su capacidad de generación de lenguaje. Algunas formas en las que ChatGPT podría integrarse con otras herramientas son:

1. Integración con plataformas de automatización de marketing: ChatGPT podría utilizarse para generar

contenido automatizado para correos electrónicos, mensajes de redes sociales y publicaciones de blog.

2. Integración con plataformas de chatbot: ChatGPT podría utilizarse para generar respuestas automatizadas en plataformas de chatbot, con el objetivo de mejorar la interacción con los clientes.

3. Integración con plataformas de edición de video: ChatGPT podría utilizarse para generar subtítulos o diálogos automatizados para vídeos, lo que podría ahorrar tiempo y esfuerzo en la producción de contenido.

4. Integración con plataformas de diseño gráfico: ChatGPT podría utilizarse para generar texto automatizado para banners, publicidades, afiches, entre otros elementos gráficos.

5. Integración con plataformas de análisis de datos: ChatGPT podría utilizarse para generar resúmenes automatizados de datos o informes, lo que podría ayudar a las empresas a tomar decisiones más informadas.

En general, la integración de ChatGPT con otras herramientas conocidas podría ayudar a ahorrar tiempo y esfuerzo en la generación de contenido, mejorar la interacción con los clientes y tomar decisiones más informadas.

14. Todo lo que debes saber sobre los Prompts

Los prompts son el chocolate del loro! La llave maestra que conseguirá que podamos sacarle un partido brutal a Chat GPT o que por el contrario sea una herramienta muy básica que nos devuelva información inútil.

Quién sepa escribir buenos prompts tendrá trabajo garantizado los próximos años.

Dicen que la Inteligencia Artificial no acabará con los empleos, lo harán las personas que sepan usarla.

Y ahora veamos qué es un prompt, los diferentes tipos y por qué es tan importante que los domines y sepas escribirlos correctamente.

Si eres nuevo en el mundo de los chatbots, es posible que te hayas preguntado qué son los prompts y cómo pueden mejorar tus resultados en ChatGPT. En este artículo, te explicaremos todo lo que necesitas saber sobre los prompts y cómo escribirlos para tener una mejor experiencia con tu chatbot.

En términos simples, un prompt es una pregunta o frase que se le presenta al chatbot para que responda. Es una forma de guiar al chatbot hacia un tema específico y asegurarse de que responda de manera coherente y relevante. Los prompts también pueden ayudar a mejorar la calidad de las respuestas del chatbot, ya que le proporcionan información adicional sobre lo que el usuario está buscando.

Hay varios tipos de prompts que puedes utilizar en ChatGPT, cada uno con un propósito diferente. Aquí te presentamos algunos ejemplos:

Prompt abierto: este tipo de prompt es una pregunta abierta que permite al usuario proporcionar información detallada sobre su consulta. Por ejemplo, "¿En qué puedo ayudarte hoy?" o "¿Qué necesitas saber sobre el producto?"

Prompt cerrado: este tipo de prompt limita las opciones de respuesta del usuario a un conjunto específico de opciones. Por ejemplo, "¿Prefieres pagar con tarjeta de crédito o débito?" o "¿Qué tipo de comida te gusta más: italiana, mexicana o china?"

Prompt condicional: este tipo de prompt utiliza la información que ya ha proporcionado el usuario para hacer una pregunta más específica. Por ejemplo, si el usuario menciona que está buscando un restaurante en su vecindario, el chatbot podría preguntar "¿Te gustaría un restaurante con comida italiana o mexicana?"

Ahora que conoces los diferentes tipos de prompts, es importante saber cómo escribirlos de manera efectiva para obtener los mejores resultados. Aquí hay algunos consejos:

Sé claro y conciso: asegúrate de que tu prompt sea fácil de entender y no tenga ambigüedades.

Sé relevante: asegúrate de que tu prompt esté relacionado con el tema en cuestión y que no sea una pregunta aleatoria.

Sé específico: utiliza prompts condicionales para hacer preguntas más específicas y relevantes.

Sé amigable: utiliza un tono amigable y conversacional para que los usuarios se sientan cómodos al interactuar con tu chatbot.

En resumen, los prompts son una herramienta esencial para mejorar la calidad de las respuestas de tu chatbot. Utiliza diferentes tipos de prompts según la situación y escribe con claridad y relevancia para lograr una experiencia de usuario satisfactoria. Con estos consejos, estarás en camino de crear un chatbot eficaz y exitoso en ChatGPT.

14.1   Ejemplos de Prompts bien redactados

Aquí te dejo cinco ejemplos de prompts muy bien redactados para obtener diferentes tipos de contenido a través de ChatGPT, con instrucciones adicionales para diferentes profesionales:

Para obtener un post de marketing:

Prompt abierto: "Hola ChatGPT, estoy buscando inspiración para escribir un post de marketing sobre [insertar tema]. Me encantaría conocer tus ideas y recomendaciones sobre cómo abordar este tema de manera efectiva. Por favor, proporcióname ejemplos y datos relevantes que pueda utilizar en mi post. ¡Gracias por tu ayuda!"

Instrucciones: Escribe como si fueras un profesional de marketing en busca de inspiración y consejos.

Para obtener un artículo de psicología:

Prompt condicional: "¡Saludos, ChatGPT! Como psicólogo, me gustaría escribir un artículo sobre [insertar tema]. ¿Podrías proporcionarme información y datos relevantes sobre este tema, así como investigaciones y estudios relacionados con el mismo? Si es posible, también me gustaría conocer ejemplos de casos reales que pueda utilizar en mi artículo."

Instrucciones: Escribe como si fueras un psicólogo buscando información detallada sobre un tema específico.

Para obtener contenido para un curso de fotografía:

Prompt cerrado: "Hola ChatGPT, estoy creando un curso de fotografía y necesito contenido visual de alta calidad para incluir en él. ¿Podrías proporcionarme imágenes de [insertar temas específicos, como paisajes, retratos, etc.]? Por favor, asegúrate de que las imágenes sean de alta resolución y de buena calidad. ¡Gracias!"

Instrucciones: Escribe como si fueras un fotógrafo buscando contenido visual para un curso.

Para obtener un capítulo de un libro:

Prompt abierto: "Hola ChatGPT, estoy escribiendo un libro sobre [insertar tema] y me gustaría obtener información detallada sobre [insertar subtema]. Por favor, proporcióname datos y estadísticas relevantes, así como ejemplos y casos reales que pueda utilizar en mi libro. Si es posible, también me gustaría conocer opiniones de expertos en el tema."

Instrucciones: Escribe como si fueras un autor en busca de información y datos para un capítulo de tu libro.

Para obtener una tabla de datos:

Prompt condicional: "Hola ChatGPT, estoy creando un informe y necesito una tabla de datos sobre [insertar tema específico, como estadísticas de ventas, información demográfica, etc.]. ¿Podrías proporcionarme los datos más actualizados y relevantes sobre este tema en una tabla fácil de leer? Si es posible, también me gustaría conocer ejemplos de cómo estos datos se han utilizado en el pasado."

Instrucciones: Escribe como si fueras un profesional que necesita una tabla de datos para un informe o proyecto.

14.2   Los estilos y los prompts

Es importante que sepas que Chat GPT puede escribir, casi de cualquier cosa, pero también casi en cualquier estilo.

¿Por qué esto es importante? Porque si vas a usar Chat GPT para escribir un libro, artículos de un blog o cualquier otra cosa, esos contenidos deben "hablar" como tú. Deben tener tu estilo, tu personalidad. Por eso, al escribir los prompts debes detallarlo, o de lo contrario, el artículo quedará frio, impersonal y anodino.

Veamos algunos de los estilos que podrías pedirle a Chat GPT para que redacte los contenidos que queiras:

1. Informal
2. Persuasivo
3. Académico
4. Narrativo
5. Descriptivo
6. Informativo
7. Divertido
8. Imitativo
9. Creativo
10. Periodístico
11. Técnico
12. Poético
13. Histórico
14. Analítico
15. Crítico
16. Filosófico

17. Satírico

18. Inspiracional

19. Comercial

20. Instructivo

Recuerda que estos son solo algunos ejemplos y que hay muchos más estilos de escritura que ChatGPT podría ayudarte a generar. Además, no olvides ser específico en tu prompt para que ChatGPT pueda brindarte una respuesta más precisa y adecuada a tus necesidades.

Te detallo algunos consejos para escribir un buen prompt que detalle de forma efectiva el estilo con el que se debe escribir en ChatGPT:

Sé claro y directo: Asegúrate de que tu prompt sea claro y fácil de entender. Comienza explicando el propósito de tu mensaje y detalla lo que esperas recibir como respuesta. Por ejemplo: "Hola, ChatGPT. Me gustaría conocer tus recomendaciones sobre el estilo de escritura más efectivo para mi blog. ¿Podrías proporcionarme algunos consejos y ejemplos prácticos que pueda utilizar?"

Sé específico: Es importante ser específico sobre el tipo de estilo de escritura que estás buscando. Por ejemplo, si quieres que ChatGPT te brinde consejos sobre cómo escribir en un tono amigable y cercano, asegúrate de mencionarlo en tu prompt. También puedes detallar si prefieres que se utilice el tú o el usted en la comunicación.

Proporciona ejemplos: Si quieres que ChatGPT te brinde recomendaciones prácticas sobre cómo escribir en un estilo específico, proporciona algunos ejemplos de textos o fragmentos que te gusten. Esto ayudará a ChatGPT a comprender mejor lo que estás buscando y proporcionarte una respuesta más precisa.

Sé amigable y cordial: Recuerda que ChatGPT es un modelo de lenguaje, pero utilizar un tono amigable y cordial puede ayudar a que las respuestas sean más precisas y útiles. Utiliza un lenguaje claro y sencillo, y no dudes en agradecer a ChatGPT por su ayuda al final de tu mensaje.

Sé consciente de la privacidad: Ten en cuenta que cualquier información que proporciones en tu prompt se utilizará para generar una respuesta. Asegúrate de no compartir información confidencial o personal en tu mensaje. En caso de que necesites compartir información confidencial, utiliza una plataforma de mensajería segura o un canal privado.

15. Otras herramientas de Inteligencia Artificial

Debido a lo apasionante de este tema, cabria preguntarnos ¿Qué otros tipos de herramientas de Inteligencia artificial existen?

Además de los modelos de lenguaje como ChatGPT, existen otros tipos de herramientas de Inteligencia Artificial, como:

1. Sistemas de aprendizaje automático: que aprenden de los datos y pueden realizar tareas sin ser explícitamente programados.

2. Redes neuronales: que se basan en la estructura y funcionamiento del cerebro humano para aprender y tomar decisiones.

¿Por qué Chat GPT cambiará el mundo? ...y cómo aprovecharlo.

—

3. Sistemas de visión por computadora: que utilizan algoritmos para analizar imágenes y extraer información de ellas.

4. Sistemas de reconocimiento de voz: que transcriben y traducen la voz humana a texto.

5. Sistemas de asistente virtual: que interactúan con los usuarios a través de una interfaz de lenguaje natural.

6. Sistemas de recomendación: que utilizan técnicas de aprendizaje automático para recomendar contenido o productos a los usuarios.

7. Sistemas de procesamiento del lenguaje natural (NLP): que analizan y comprenden el lenguaje humano.

8. Robótica: que combina la inteligencia artificial con la mecánica para controlar robots y dispositivos físicos.

14.3 Generación de vídeos e imágenes con Inteligencia Artificial

Como vemos, Chat GPT es solo una parte de la poderosa Inteligencia Artificial. De hecho OpenAI creó también DALL-E. DALL-E es un modelo de generación de imágenes creado por OpenAI en diciembre del 2021. Se basa en una arquitectura transformer similar a la utilizada en el modelo GPT-3, pero en lugar de generar texto, genera imágenes a partir de una descripción escrita en lenguaje natural.

DALL-E es capaz de generar una gran variedad de imágenes, desde dibujos simples hasta imágenes realistas, y es capaz de generar imágenes a partir de descripciones muy abstractas o imprecisas. A diferencia de otros modelos de generación de imágenes, DALL-E no necesita un conjunto de imágenes etiquetadas para entrenar, sino que aprende directamente de la web.

DALL-E es una herramienta valiosa para tareas como la generación automática de contenido multimedia y la creación de prototipos. Tiene un gran potencial para aplicaciones en diseño, publicidad, videojuegos y cine.

De hecho hoy en día podemos encontrar infinidad de páginas webs que crean tanto imágenes como vídeos a partir de la Inteligencia Artificial.

Yo mismo creé un vídeo en mi Canal de YouTube donde aparecía mi avatar hablando por mi y simplemente tuve que seleccionar una foto mía y escribir un texto, para que esa imagen "cobrase vida" y la foto "hablase" como si fuera yo.

Esto, que inicialmente puede parecer un juego, puede tener unas aplicaciones brutales.

Por ejemplo, cualquier persona que quisiese crear un curso online explicando algo que sabe hacer, pero que tuviese vergüenza a la hora de grabarse, podría crear un vídeo con su avatar, con inteligencia artificial y "aparecer" en todos los vídeos sin necesidad de grabarse.

Y como este ejemplo, podríamos escribir cientos de miles más, para los que podríamos utilizar la inteligencia artificial en vídeo, veamos algunos más:

1. Creación de contenido automático: los modelos de generación de vídeo pueden generar vídeos a partir de descripciones escritas o incluso a partir de otro tipo de contenido, como imágenes o texto.

2. Edición automática: los algoritmos de edición automática pueden recortar, recortar y combinar vídeos para generar un nuevo contenido.

3. Generación de trailers: los modelos de generación de vídeo pueden generar trailers de películas, programas de televisión, videojuegos y más.

4. Animación: los algoritmos de animación pueden generar personajes animados y escenas.

5. Publicidad: los modelos de generación de vídeo pueden generar anuncios personalizados para diferentes plataformas y audiencias.

¿Por qué Chat GPT cambiará el mundo? ...y cómo aprovecharlo.

–

6. Entretenimiento: los modelos de generación de vídeo pueden generar contenido de entretenimiento, como parodias, memes y shows de comedia.

7. Educación: los modelos de generación de vídeo pueden generar tutoriales, videos educativos y contenido de capacitación.

8. Seguridad: los algoritmos de inteligencia artificial pueden utilizarse para analizar videos de seguridad y detectar patrones y situaciones inusuales.

16. Cómo evolucionará Chat GPT en el futuro

Predecir el futuro es quizá de las cosas más complejas que existan.

Pero sí está claro que, en un futuro cercano, Chat GPT

comenzará a integrarse con otras aplicaciones, con lo que su uso pasará a ser exponencial. Se invertirán muchos más miles de millones de los que actualmente se invierten y aparecerán y desaparecerán empleos.

La velocidad del cambio aumentará según Chat GPT vaya añadiendo funcionalidades.

En el momento que escribo este libro Chat GPT únicamente sirve para devolvernos y crearnos información en texto. Pero actualmente no es posible subir imágenes, vídeos, documentos, etc. a Chat GPT.

Ya se sabe que Chat GPT va a evolucionar a un formato multi modal, es decir, el texto no será la única vía para interactuar con Chat GPT y habrá muchos otros modos de usar Chat GPT. Mediante documentos, vídeos, imágenes, etc.

Si te has quedado con ganas de más... recuerda que en www.escuelaemprende.com/chatgpt tienes mucha más información.

Por cierto... este libro, como no podía ser de otra manera, ha sido escrito utilizando Chat GPT. Y por ello, he podido, además, optimizar los tiempos de creación, empezándolo y acabándolo en una mañana. En menos de 5 horas lo he escrito, he creado la portada y lo he publicado en Amazon para su venta.

De esta manera, puedes ver, la increíble potencia que implica la tecnología de Chat GPT, también para escribir y comercializar libros.

Ahí queda eso.
Un abrazo gigante y humano.
Gonzalo de la Campa Marinas.

17. Escribe aquí

Dejo estas páginas en blanco, para que escribas lo que has sentido después de leerlo, y si quieres, más adelante, puedes compartirlo también en tus redes sociales ¡poniéndome en copia o enlazándome o mencionándome! Jeje para que yo pueda leer también tu opinión 😊

—

¿Por qué Chat GPT cambiará el mundo? ...y cómo aprovecharlo.

—

¿Por qué Chat GPT cambiará el mundo? ...y cómo aprovecharlo.

–

—

—

ACERCA DEL AUTOR

Bueno, te diré como me llamo: Gonzalo de la Campa Marinas, dónde he nacido: en Madrid, a qué me dedico: Soy profesor online y algunas otras cosas más, pero fundamentalmente ayudo a soñadores y a emprendedores a crear negocios online que les generen dinero y les permitan tener el suficiente tiempo como para vivir una vida tranquila y feliz dónde puedan disfrutar de su trabajo y de su familia, ocio y amigos. Mis dos webs principales son: escuelaemprende.com y paginaswebempresas.es y mi canal de YouTube es:

youtube.com/gonzalodelacampa

¿Por qué Chat GPT cambiará el mundo? ...y cómo aprovecharlo.

—

—